AF284359

Impressum
Verlag: BABADADA GmbH, Nedderfeld 112 , 22529 Hamburg
Geschäftsführer / Verlagsleitung: Harald Hof
Druck: Books on Demand GmbH, In de Tarpen 42, 22848 Norderstedt

Imprint
Publisher: BABADADA GmbH, Nedderfeld 112 , 22529 Hamburg, Germany
Managing Director / Publishing direction: Harald Hof
Print: Books on Demand GmbH, In de Tarpen 42, 22848 Norderstedt

colegio

اسکول

aula
کمرہ جماعت
dividir
تقسیم کریں
186/2
pizarrón
بورڈ
maestro
اُستاد
patio de escuela
سکول کا صحن
papel
کاغذ
escribir
لکھنا
birome
قلم
escritorio
میز
regla
پیمانہ
libro
کتاب
alumno
شاگرد

mochila

بستہ

caja de lápices

پینسل کیس

lápiz

پینسل

sacapuntas

پینسل شارپنر

goma (de borrar)

ربڑ

bloc de dibujo

ڈرائنگ پیڈ

dibujo

ڈرائنگ

pincel

پینٹ برش

caja de pinturas

پینٹ باکس

tijera

قینچی

pegamento

گوند

cuaderno de ejercicios

مشق کی کاپی

tarea

ہوم ورک

número

ہندسہ

2+2

sumar

جمع کریں

5-2

restar

منفی کریں

2×2

multiplicar

ضرب دیں

calcular

شمارکریں

A

letra

خط

ABCDEFG
HIJKLMN
OPQRSTU
VWXYZ

abecedario

حروف تہجی

hello

palabra

لفظ

texto

متن

leer

پڑھنا

tiza

چاک

lección

سبق

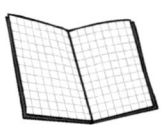

cuaderno de clase

اندراج

examen

امتحان

certificado

سند

uniforme escolar

سکول یونیفارم

educación

تعلیم

enciclopedia

انسائیکلوپیڈیا

universidad

یونیورسٹی

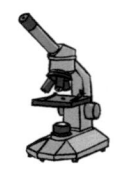

microscopio

خورد بین

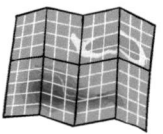

mapa

نقشہ

tacho (de basura)

ویسٹ پیپر باسکٹ

hotel
ہوٹل
Grand
hostel
ہاسٹل
ROOMS
EXCHANGE
casa de cambio
رقم تبدیل کرانے کیلئے دفتر
valija
سوٹ کیس
auto
کار

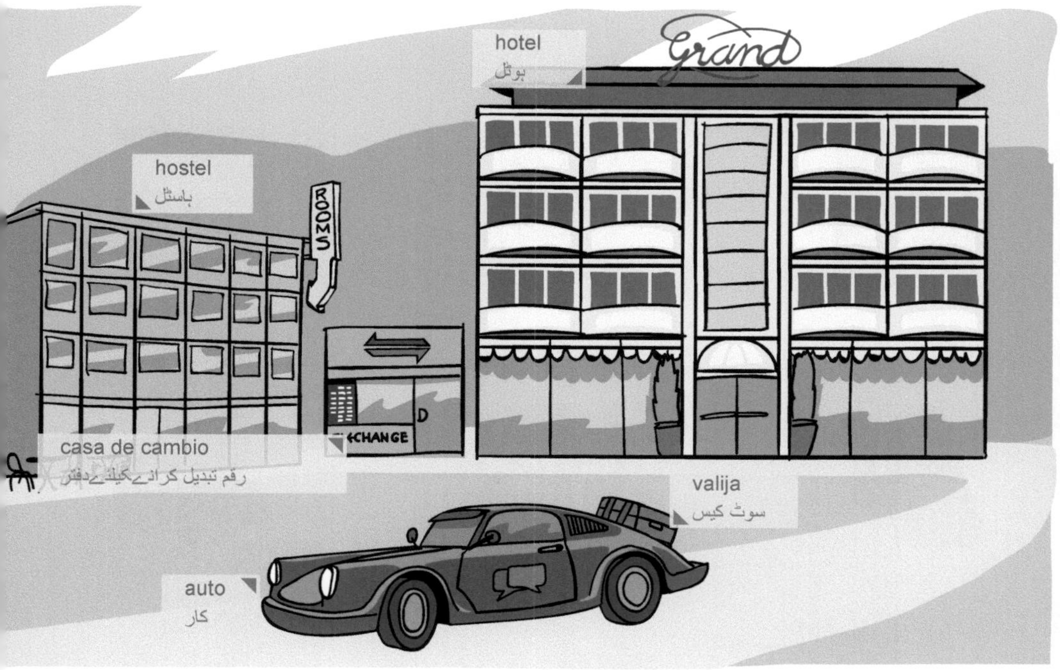

idioma
زبان

sí / no
ہاں / نہیں

Está bien
ٹھیک ہے

hola
ہیلو

traductor
مُترجم

Gracias
شُکریہ

¿cuánto cuesta...?

--- کی کیا قیمت ہے؟

No entiendo

میں نہیں سمجھتا

problema

مشکل

¡Buenas tardes!

شام بخیر!

¡Buenos días!

صبح بخیر!

¡Buenas noches!

شب بخیر!

adiós

الوداع

dirección

سمت

equipaje

سفری سامان

bolso

بیگ

mochila

بیگ پیک

invitado

مہمان

habitación

کمرہ

bolsa de dormir

سلیپنگ بیگ

carpa

ٹینٹ

información turística

سياحوں کے لئے معلومات

playa

ساحل

tarjeta de crédito

کریڈٹ کارڈ

desayuno

ناشتہ

almuerzo

لنچ

cena

ڈنر

pasaje

ٹکٹ

ascensor

لفٹ

sello

مُہر

frontera

سرحد

aduana

کسٹمز

embajada

سفارت خانہ

visa

ویزا

pasaporte

پاسپورٹ

transporte

نقل وحمل

avión
ہوائی جہاز
barco
سمندری جہاز
autobomba
آگ بُجھانے والی گاڑی
camión
ٹرک
colectivo
بس
lancha a motor
موٹربوٹ
bicicleta
سائیکل
auto
کار

ferry

فیری

bote

کشتی

moto

موٹرسائیکل

patrullero

پولیس کار

auto de carreras

ریسنگ کار

auto de alquiler

کرایہ پرکار

alquiler de autos

کارکا اشتراک کرنا

grúa

کھینچنےوالا ٹرک

camión de basura

کوڑے والا ٹرک

motor

کار

nafta

ایندھن

estación de servicio

پٹرول اسٹیشن

señal de tránsito

ٹریفک کےنشانات

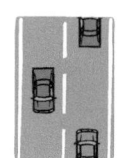

tránsito

ٹریفک

embotellamiento

ٹریفک جام

estacionamiento

کارپارک

estación de tren

ٹرین اسٹیشن

vías

پٹڑیاں

tren

ٹرین

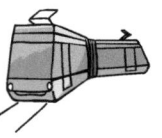

tranvía

ٹرام

vagón

ویگن

helicóptero

ہیلی کاپٹر

aeropuerto

ائرپورٹ

torre

ٹاور

pasajero

مسافر

contenedor

کنٹینر

caja de cartón

ڈبہ

carretilla

ریڑھا

canasta

ٹوکری

despegar / aterrizar

اُڑان بھرنا / زمین پراُترنا

ciudad

شہر

pueblo

گاؤں

centro de ciudad

سٹی سنٹر

casa

مکان

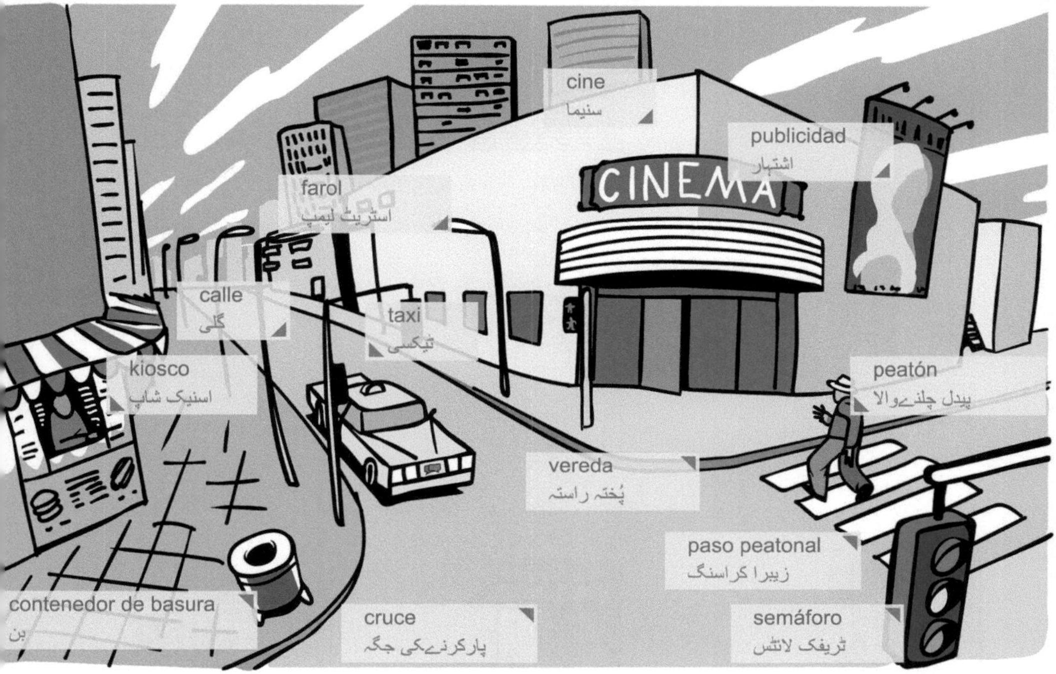

cine
سٹینما

publicidad
اشتہار

farol
اسٹریٹ لیمپ

calle
گلی

taxi
ٹیکسی

kiosco
اسنیک شاپ

peatón
پیدل چلنے والا

vereda
پُختہ راستہ

paso peatonal
زیبرا کراسنگ

contenedor de basura
بن

cruce
پارکرنے کی جگہ

semáforo
ٹریفک لائٹس

cabaña
ہٹ

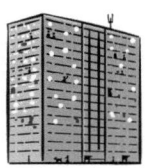

departamento
فلیٹ

estación de tren
ٹرین اسٹیشن

municipalidad
ٹاؤن ہال

museo
عجائب گھر

colegio
اسکول

universidad

یونیورسٹی

banco

بینک

hospital

ہسپتال

hotel

ہوٹل

farmacia

فارمیسی

oficina

دفتر

librería

کتابوں کی دکان

negocio

دکان

florería

پھولوں کی دُکان

supermercado

سُپرمارکیٹ

mercado

ماركیٹ

grandes tiendas

ڈیپارٹمنٹ سٹور

pescadería

مچھلی کی دُکان

centro comercial

شاپنگ سنٹر

puerto

بندرگاہ

parque

پارک

banco

بنچ

puente

پُل

escaleras

سیڑھیاں

subte

انڈرگراؤنڈ

túnel

سرُنگ

parada del colectivo

بس اسٹاپ

bar

شراب خانہ

restaurante

ریسٹورنٹ

buzón

پوسٹ باکس

letrero

اسٹریٹ سائن

parquímetro

پارکنگ میٹر

zoológico

چڑیا گھر

pileta

سوئمنگ پول

mezquita

مسجد

granja

کھیت

contaminación

آلودگی

cementerio

قبرستان

iglesia

چرچ

juegos infantiles

کھیل کا میدان

templo

مندر

paisaje
منظر

hoja
پتہ

poste indicador
رہنمائی کرنے والا بورڈ

camino
راستہ

pradera
سبزہ زار

piedra
پتھر

árbol
درخت

excursionista
پیدل چلنےوالا، بانکر

río
دریا

hierba
گھاس

flor
پھول

valle

وادی

montaña

پہاڑی

lago

جھیل

bosque

جنگل

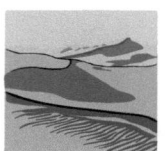

desierto

صحرا

volcán

آتش فشاں

castillo

قلعہ

arco iris

قوس قزح

champiñón

کھمبی

palmera

کجھورکا درخت

mosquito

مچھر

mosca

مکھی

hormiga

چیونٹی

abeja

مکھی

araña

مکڑا

escarabajo

بھونرا

rana

مینڈک

ardilla

گلہری

erizo

خارپُشت

liebre

خرگوش

lechuza

اُلو

pájaro

پرندہ

cisne

راج ہنس

jabalí

سؤر

ciervo

ہرن

alce

امریکی بارہ سنگھا

presa

ڈیم

aerogenerador

ہوا سے چلنے والی ٹربائین

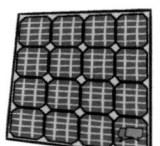

panel solar

سولر پینل

clima

آب وہوا

restaurante

ریسٹورنٹ

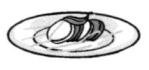

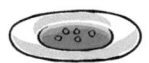

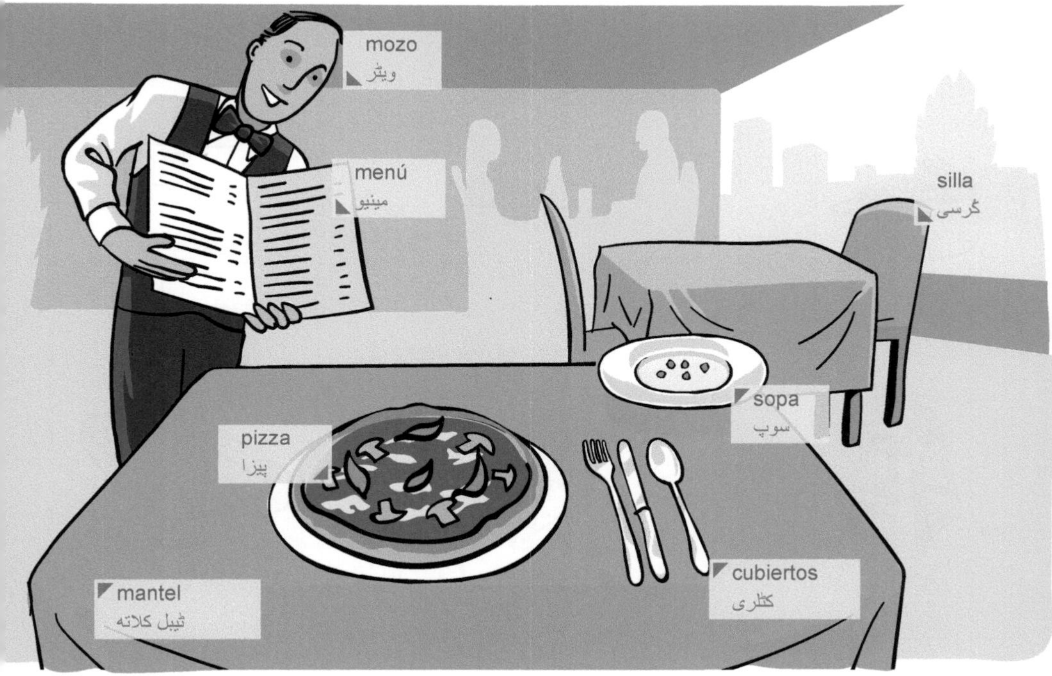
mozo
ویٹر
menú
مینیو
silla
کُرسی
sopa
سوپ
pizza
پیزا
cubiertos
کٹلری
mantel
ٹیبل کلاتھ

entrada

استارٹر

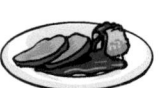

plato principal

مین کورس

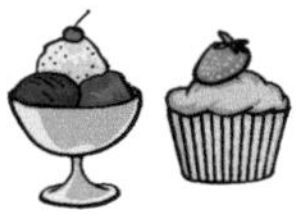

postre

ڈیزرٹ

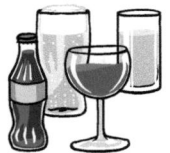

bebidas

مشروبات

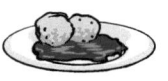

comida

کھانے کی اشیاء

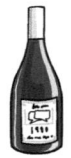

botella

بوتل

comida rápida

فاسٹ فوڈ

comida callejera

اسٹریٹ فوڈ

tetera

چائےدانی

azucarera

شوگرباکس

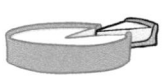

porción

حصہ

cafetera expreso

ایسپریسو مشین

sillita alta

اونچی کُرسی

cuenta

بل

bandeja

ٹرے

cuchillo

چھُری

tenedor

کانٹا

cuchara

چمچ

cucharita

چائےکا چمچ

servilleta

سرویئیٹی

vaso

شیشہ

plato

پلیٹ

plato hondo

سوپ پلیٹ

plato

طشتری

salsa

چٹنی

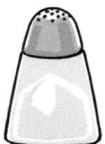

salero

سالٹ شیکر

molinillo de pimienta

پیپرمل

vinagre

سرکہ

aceite

خوردنی تیل

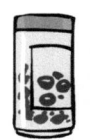

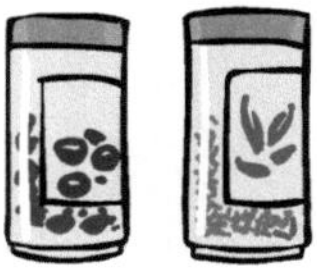

especias

مصالحے

kétchup

کیچپ

mostaza

سرسوں

mayonesa

میئونیز

supermercado

سُپرمارکیٹ

oferta especial
خصوصی پیشکش
cliente
گاہک
lácteos
ڈیری
fruta
پھل
changuito
ٹرالی

carnicería

گوشت کی دُکان

panadería

بیکری

pesar

وزن کرنا

verduras

سبزیاں

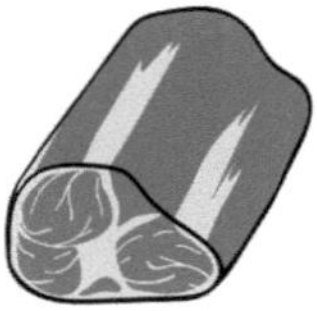

carne

گوشت

alimentos congelados

جما ہوا کھانا

fiambres

کولڈ کٹس

alimentos enlatados

ڈبےمیں بند کھانا

detergente en polvo

واشنگ پاؤڈر

golosinas

مٹھائیاں

electrodomésticos

گھریلو مصنوعات

productos de limpieza

صاف کرنےکیلئےمصنوعات

vendedora

سیلزپرسن

caja

کیش رجسٹر

cajero

کیشئیر

lista de compras

خریداری کی فہرست

horario de atención

اوقات کار

billetera

بٹوہ

tarjeta de crédito

کریڈٹ کارڈ

cartera

تھیلا

bolsa de plástico

پلاسٹک کےتھیلے

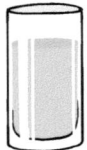

bebidas

مشروبات

agua

پانی

jugo

جوس، رس

leche

دودھ

bebida cola

کوک

vino

وائن

cerveza

بیئر

alcohol

الکوحل

cacao

کوکوآ

té

چائے

café

کافی

café expreso

ایسپریسو

cappuccino

کیپاچینو

banana

کیلا

manzana

سیب

naranja

مالٹا

melón

خربوزہ

limón

لیموں

zanahoria

گاجر

ajo

لہسن

bambú

بانس

cebolla

پیاز

champiñón

کھُمبی

nueces

اخروٹ، بادام وغیرہ

fideos

نوڈلز

tallarines

اسپیگیٹی

arroz

چاول

ensalada

سلاد

papas fritas

چپس

papas fritas

تلے گئے آلو

pizza

پیزا

hamburguesa

ہیم برگر

sándwich

سینڈوچ

churrasco

کٹلیٹ

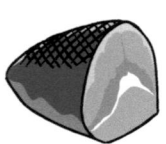

jamón

سؤرکی ران کا گوشت

salame

گوشت کی اطالوی ساسیج

salchicha

ساسیج

pollo

مُرغی

asado

روسٹ

pescado

مچھلی

copos de avena

جئی کا دلیہ

muesli

میوزلی

copos de maíz

کارن فلیکس

harina

آٹا

medialuna

کروئیسنٹ

pancito

بریڈ رول

pan

بریڈ

tostada

ٹوسٹ

galletitas

بسکٹ

manteca

مکھن

cuajada

دہی

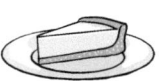

torta

کیک

huevo

انڈا

huevo frito

فرائی کیا گیا انڈہ

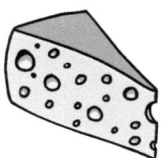

queso

پنیر

helado

آئس کریم

azúcar

چینی

miel

شہد

mermelada

جام

pasta de chocolate

ناؤگٹ کریم

curry

سالن

granja

کھیت

granja
فارم ہاؤس
granero
کھلیان
fardo de paja
تنکوں کی گانٹھ
campo
caballo
گھوڑا
remolque
ٹریلر
tractor
ٹریکٹر
potrillo
گھوڑے کا بچہ
burro
گدھا
oveja
بھیڑ
cordero
میمنہ

cabra

بکری

vaca

گائے

ternero

بچھڑا

cerdo

سؤر

lechón

سؤر کا بچہ

toro

سانڈ

ganso

راج ہنس

pato

بطخ

pollo

چوزہ

gallina

مُرغی

gallo

مُرغا

rata

چوہا

gato

بلی

ratón

چوہا

buey

بیلچہ

perro

کُتا

cucha

کُتے کا گھر

manguera

گارڈن ہاؤس

regadera

پانی کا کین

guadaña

درانتی

arado

ہل

hoz

درانتی

azada

بیلچہ

horquilla

ترنگل

hacha

کلہاڑا

carretilla

ہتہ گاڑی

abrevadero

حوض

lechera

دودھ کا کین

bolsa

تھیلا

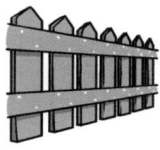

reja

باڑ

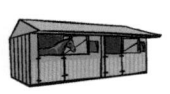

establo

اصطبل

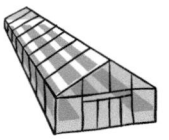

invernadero

گرین ہاؤس

suelo

مٹی

semilla

بیج

fertilizador

فرٹیلائیزر

cosechadora

کمبائن ہارویسٹر

cosechar

فصل كاٹنا

cosecha

فصل كاٹنا

batatas

افریقی آلو

trigo

گندم

soja

سويا

papa

آلو

maíz

مکئی

semilla de colza

توریا کا تیل

árbol frutal

پھلداردرخت

mandioca

کساوا

cereales

دلیہ

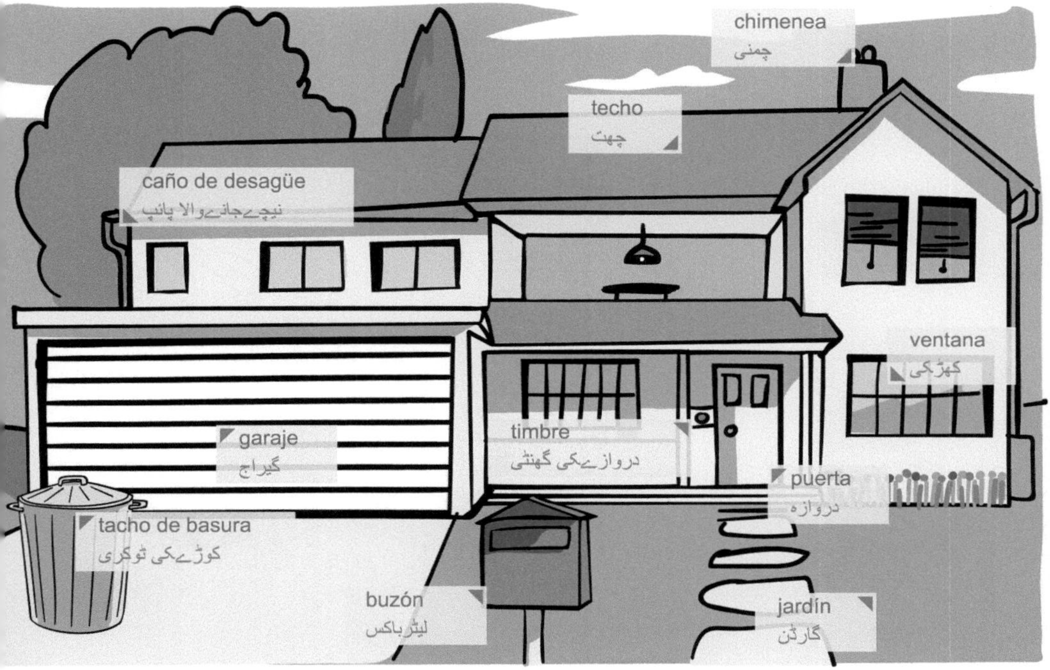

chimenea
چمنی
techo
چھت
caño de desagüe
نیچے جانے والا پائپ
ventana
کھڑکی
garaje
گیراج
timbre
دروازے کی گھنٹی
puerta
دروازہ
tacho de basura
کوڑے کی ٹوکری
buzón
لیٹر باکس
jardín
گارڈن

living

لوونگ روم

baño

غُسل خانہ

cocina

باورچی خانہ

dormitorio

بیڈروم

cuarto de los chicos

بچوں کا کمرہ

comedor

کھانے کا کمرہ

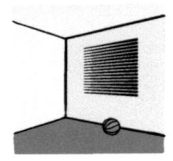

piso

فرش

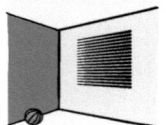

pared

دیوار

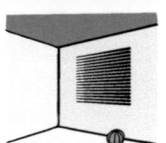

cielorraso

چھت

sótano

تہ خانہ

sauna

سوانا

balcón

بالکونی

terraza

ٹیریس

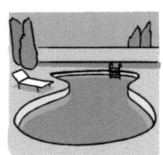

pileta

پول

cortadora de pasto

گھاس کاٹنے کی مشین

sábana

چادر

acolchado

چادر

cama

بستر

escoba

جھاڑو

balde

بالٹی

interruptor

سوئچ

living
لوونگ روم

empapelado
وال پیپر
imagen
تصویر
lámpara
لیمپ
estante
شیلف
armario
الماری
televisión
ٹیلی ویژن
chimenea
آتش دان
flor
پھول
almohadón
کُشن
sofá
صوفہ
florero
گلدان
control remoto
ریموٹ کنٹرول

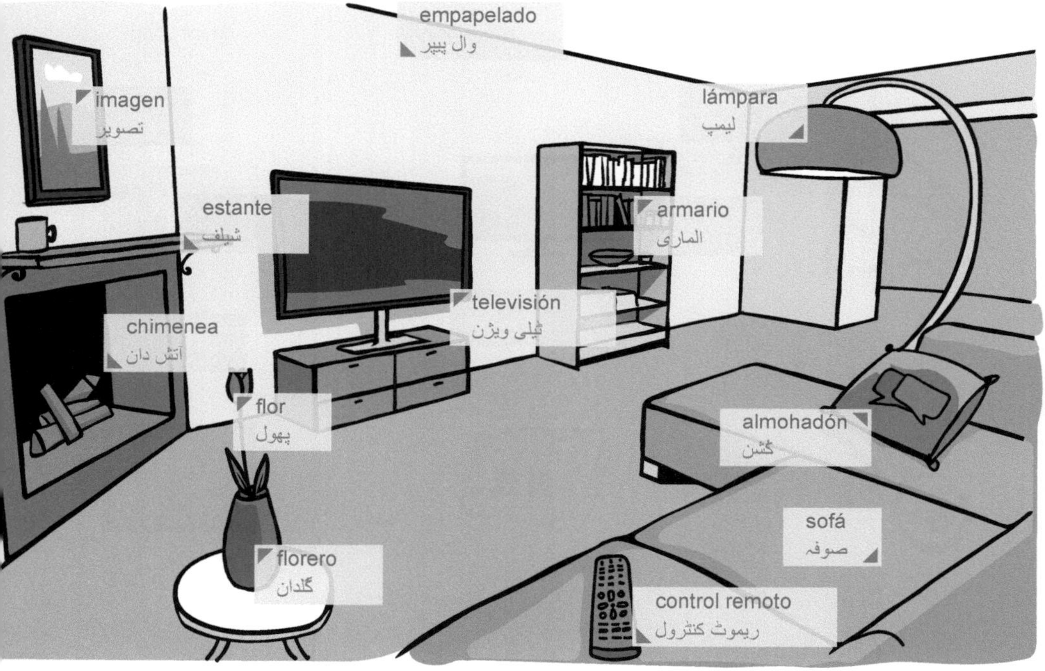

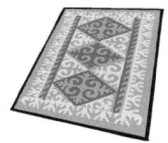

alfombra

قالین

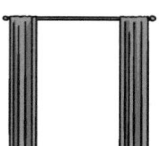

cortina

پردے

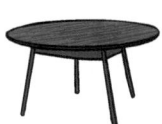

mesa

میز

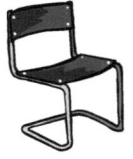

silla

کُرسی

mecedora

ہلنے والی کُرسی

sillón

آرام کُرسی

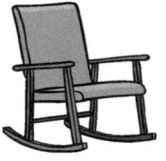

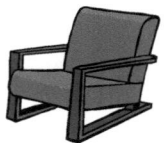

libro

کتاب

frazada

کمبل

decoración

آرائش

leña

جلانے کی لکڑی

película

فلم

equipo de música

ہائی فائی

llave

چابی

diario

اخبار

pintura

پینٹنگ

póster

پوسٹر

radio

ریڈیو

cuaderno

نوٹ بُک

aspiradora

ویکیوم کلینر

cactus

کیکٹس

vela

موم بتی

cocina
باورچی خانہ

heladera
فرج
microondas
مائیکروویواوون
balanza de cocina
کچن اسکیل
tostadora
ٹوسٹر
detergente
کپڑےدھونےکا پاؤڈر
horno
چولہا
freezer
فریزر
tacho de basura
کوڑےکی ٹوکری
lavaplatos
ڈش واشر

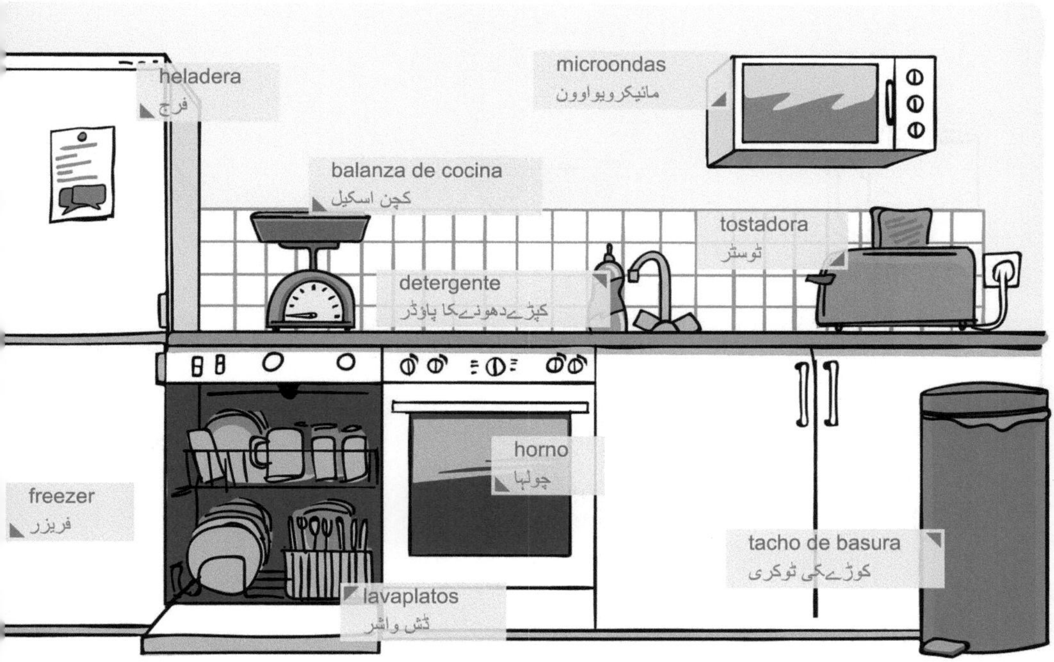

cocina

ککر

olla

برتن

olla de hierro fundido

لوہےکا برتن

wok

کڑاہی

sartén

برتن

pava

کیتلی

vaporera

استیمر

bandeja de horno

بیکنگ ٹرے

vajilla

کراکری

taza

مگ

bol

پیالہ

palitos

چاپ اسٹکس

cucharón

ڈوئی

estpátula

کفچہ

batidora

جھاڑودینا

colador

مقطر

colador

چھلنی

rallador

گریٹر

mortero

کونڈی

parrilla

باربی کیو

fogata

کھُلی آگ

tabla de picar

چاپنگ بورڈ

palo de amasar

بیلن

sacacorchos

کارک اسکریو

lata

کین

abrelatas

کین اوپنر

manopla

برتن پکڑنے والا کپڑا

pileta

سنک

cepillo

برش

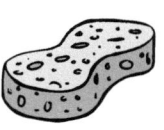

esponja

اسپونج

batidora

بلینڈر

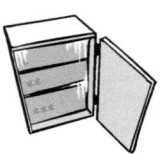

congelador

ڈیپ فریز

mamadera

بچے کی بوتل

canilla

ٹونٹی

baño

غُسل خانہ

calefacción
ducha
شاور
toalla
تولیہ
cortina de ducha
شاورکرٹن
baño de espuma
ببل باتھ
bañadera
باتھ ٹب
vaso
شیشہ
lavarropas
واشنگ مشین
canilla
ٹونٹی
baldosas
ٹائلیں
pelela
پاٹی
pileta
سنک

inodoro

ٹائلٹ

letrina

دوزانوں بیٹھنےوالی ٹائلٹ

bidé

نچلاحصہ دھونےکیلئےپاٹ

mingitorio

پیشاب گاہ

papel higiénico

ٹائلٹ پیپر

cepillo para el inodoro

ٹائلٹ برش

cepillo de dientes

ٹوتھ برش

dentífrico

ٹوتھ پیسٹ

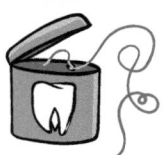

hilo dental

ڈینٹل فلاس

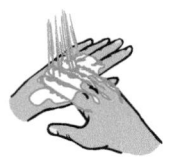

lavar

دھونا

ducha de mano

ہینڈ شاور

ducha higiénica

شاور

palangana

بیسن

cepillo para espalda

بیک برش

jabón

صابن

gel de ducha

شاورجل

shampoo

شیمپو

toallita

فلالین

desagüe

ڈرین

crema

کریم

desodorante

ڈیوڈورنٹ

espejo

آئینہ

espejito

ہاتھ میں پکڑا جانے والا آئینہ

maquinita de afeitar

ریزر

espuma de afeitar

شیونگ فوم

aftershave

آفٹر شیو

peine

کنگھی

cepillo

برش

secador de pelo

ہیئر ڈرائر

spray

ہیئر اسپرے

maquillaje

میک اپ

lápiz de labios

لپ اسٹک

esmalte para uñas

نیل وارنش

algodón

روئی

tijera para uñas

ناخن کاٹنے کی قینچی

perfume

پرفیوم

portacosméticos

واش بیگ

banqueta

پاخانہ

balanza

وزن کرنے کی مشین

bata

باتھ روب

guantes de goma

ربڑ کے دستانے

tampón

ٹیمپون

toallita femenina

سینیٹری ٹاول

baño químico

کیمیکل ٹائلٹ

cuarto de los chicos

بچوں کا کمرہ

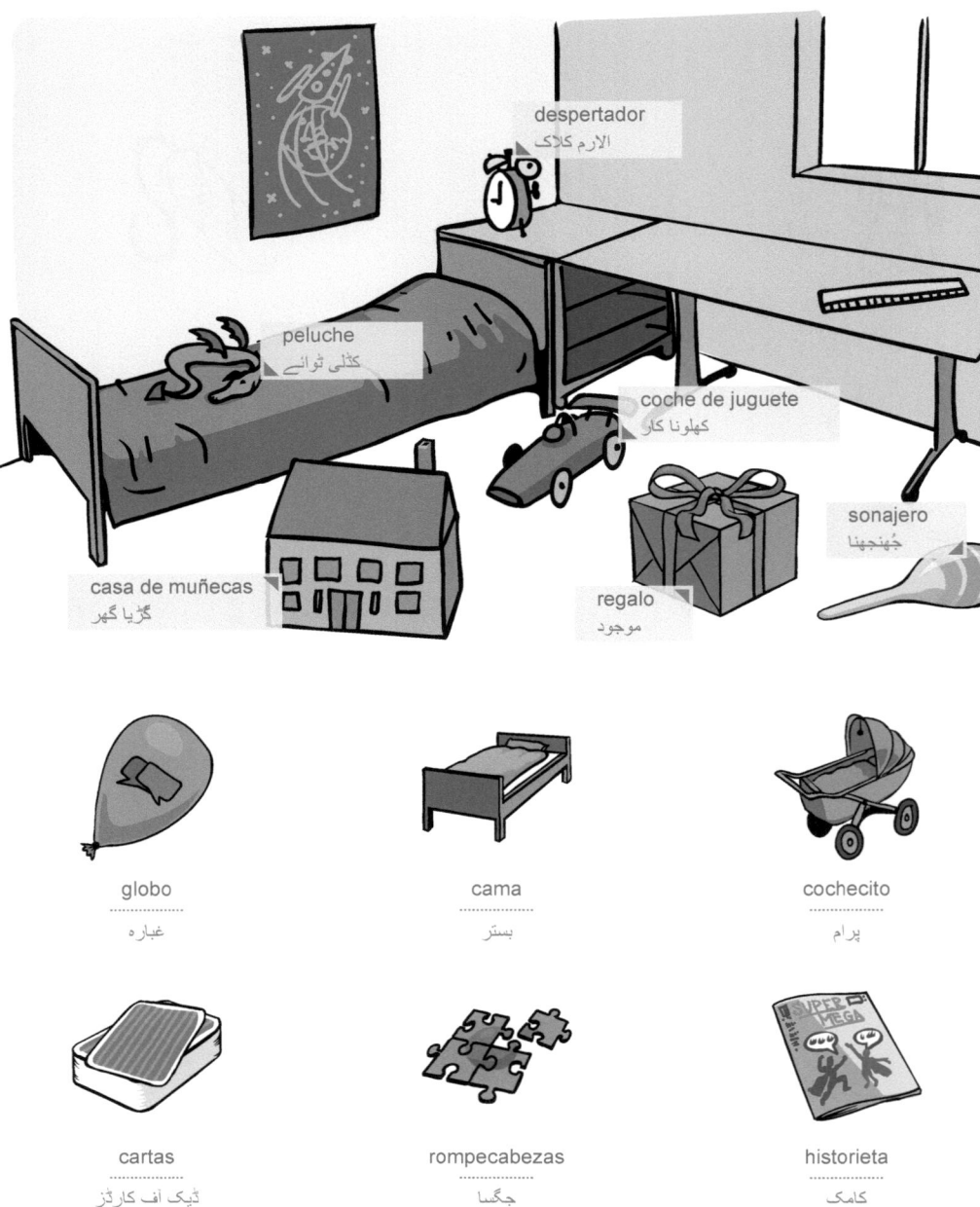

despertador
الارم کلاک

peluche
کڈلی ٹوائے

coche de juguete
کھلونا کار

casa de muñecas
گڑیا گھر

regalo
موجود

sonajero
جُھنجھنا

globo
غباره

cama
بستر

cochecito
پرام

cartas
ڈیک آف کارڈز

rompecabezas
جگسا

historieta
کامک

piezas de lego

لیگوبرکس

ladrillos de juguete

کھلونا بلاکس

figura de acción

ایکشن فگر

enterito (de bebé)

بچےکا لباس

frisbee

فرسبی

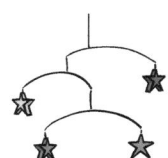

móvil para bebés

کھلونا موبائل

juego de mesa

بورڈ گیم

dados

ڈائس

tren eléctrico

ماڈل ٹرین سیٹ

chupete

ڈمی

fiesta

پارٹی

libro de cuentos ilustrado

تصاویروالی کتاب

pelota

گیند

muñeca

گڑیا

jugar

کھیلنا

arenero

سینڈ پٹ

hamaca

جھولا جھولنا

juguetes

کھلونے

consola de videojuegos

وڈیوگیم کنسول

triciclo

تین پہیوں والی سائیکل

osito de peluche

ٹیڈی بیئر

armario

کپڑوں کی الماری

ropa

لباس

medias

موزے

medias panty

اسٹاکنگز

calzas

ٹائٹس

bufanda
اسکارف

paraguas
چھتری

remera
ٹی شرٹ

cinturón
بیلٹ

zapatillas
اسنیکرز

botas
بوٹ

pantuflas
سلیپر

sandalias

سینڈل

zapatos

جوتے

botas de goma

ربڑکےبوٹس

ropa interior

زیرجامہ

corpiño

بریزئیر

chaleco

واسکٹ

body

جسم

pantalones

پتلون

jeans

جینز

pollera

اسکرٹ

blusa

بلاؤز

camisa

قمیض

pulóver

پُل اوور

buzo

سویٹر

blazer

بلیزر

campera

جیکٹ

tapado

کوٹ

piloto

رین کوٹ

traje

کوئی خاص لباس

vestido

لباس

vestido de novia

شادی کا لباس

traje

سوٹ

camisón

نائٹ گاؤن

pijama

پائجامہ

sari

ساڑھی

pañuelo para cabeza

سرپرلیا جانےوالا اسکارف

turbante

پگڑی

burka

بُرقع

caftán

کفتان

abaya

عبایہ

traje de baño

تیراکی کا سوٹ

short de baño

ٹرنک

shorts

نیکر

jogging

ٹریک سوٹ

delantal

اپرن

guantes

دستانے

botón

بٹن

anteojos

عینک

pulsera

کنگن

collar

ہار

anillo

انگوٹھی

aro

کانوں کی بالیاں

gorra

ٹوپی

percha

کوٹ ہینگر

sombrero

ہیٹ

corbata

ٹائی

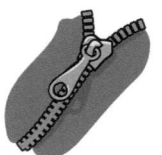

cierre

زپ

casco

ہیلمٹ

tiradores

بریسز

uniforme escolar

سکول یونیفارم

uniforme

وردی

babero

بب

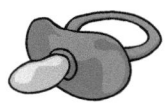

chupete

ڈمی

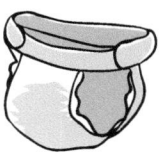

pañal

نیپی

oficina

دفتر

servidor
سرور
archivero
فائلوں کی الماری
impresora
پرنٹر
papel
کاغذ
monitor
مانیٹر
mouse
ماؤس
escritorio
میز
carpeta
فولڈر
teclado
کی بورڈ
tacho (de basura)
ویسٹ پیپرباسکٹ
computadora
کمپیوٹر
silla
کرسی

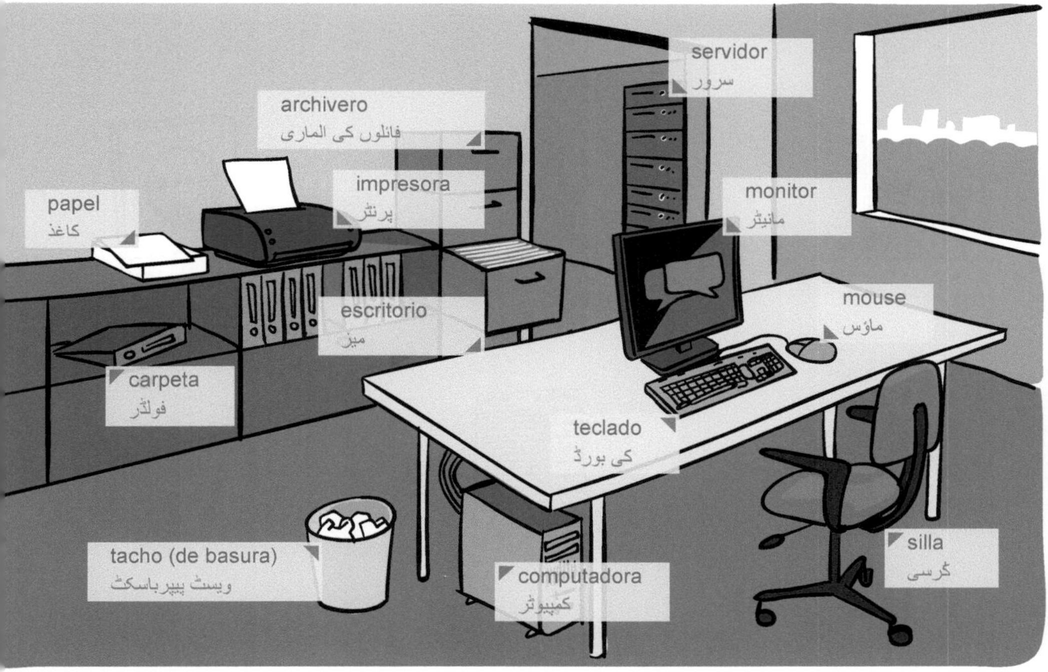

taza de café

کافی مگ

calculadora

کیلکولیٹر

internet

انٹرنیٹ

laptop

لیپ ٹاپ

carta

خط

mensaje

پیغام

celular

موبائل

red

نیٹ ورک

fotocopiadora

فوٹوکاپئیر

software

سافٹ ویئر

teléfono

ٹیلی فون

tomacorriente

پلگ ساکٹ

fax

فیکس مشین

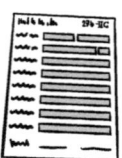

formulario

فارم

documento

دستاویز

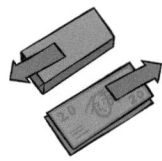

comprar

خریدنا

pagar

ادائیگی کرنا

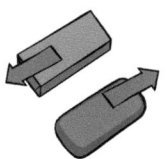

hacer negocios

تجارت کرنا

dinero

رقم

dólar

ڈالر

euro

یورو

yen

ین

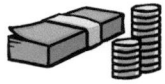

rublo

روبل

franco suizo

سوئس فرانک

yuan

رینمنیبی یوآن

rupia

روپیہ

cajero automático

کیش پوائنٹ

casa de cambio

رقم تبدیل کرانے کیلئے دفتر

oro

سونا

plata

چاندی

petróleo

خام تیل

energía

توانائی

precio

قیمت

contrato

معاہدہ

impuesto

ٹیکس

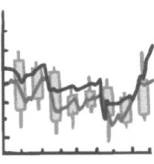

acción

اسٹاک

trabajar

کام کرنا

empleado

ملازم

empleador

آجر

fábrica

فیکٹری

negocio

دکان

policía
پولیس افسر
bombero
فائرمین
cocinero
خانساماں، کُک
médico
ڈاکٹر
piloto
پائلٹ

jardinero
مالی

carpintero
ترکھان

modista
درزن

juez
جج

farmacéutico
کیمسٹ

actor
اداکار

colectivero

بس ڈرائیور

taxista

ٹیکسی ڈرائیور

pescador

مچھیرا

mucama

صفائی کرنےوالی عورت

techista

چھت بنانےوالا

mozo

ویٹر

cazador

شکاری

pintor

پینٹر

panadero

بیکر

electricista

الیکٹریشین

albañil

بلڈر

ingeniero

انجینئیر

carnicero

قصائی

plomero

پلمبر

cartero

ڈاکیا

soldado

سپاہی

arquitecto

آرکیٹیکٹ

cajero

کیشئیر

florista

پھول بیچنے والا

peluquero

نائی

cobrador

کنڈکٹر

mecánico

مکینک

capitán

کپتان

dentista

ڈینٹسٹ

científico

سائنسدان

rabino

یہودی عالم

imán

امام

monje

راہب

sacerdote

پادری

herramientas

اوزار

tenaza
پلائرز
martillo
ہتھوڑا
destornillador
پیچ کس
llave
رینچ
linterna
ٹارچ

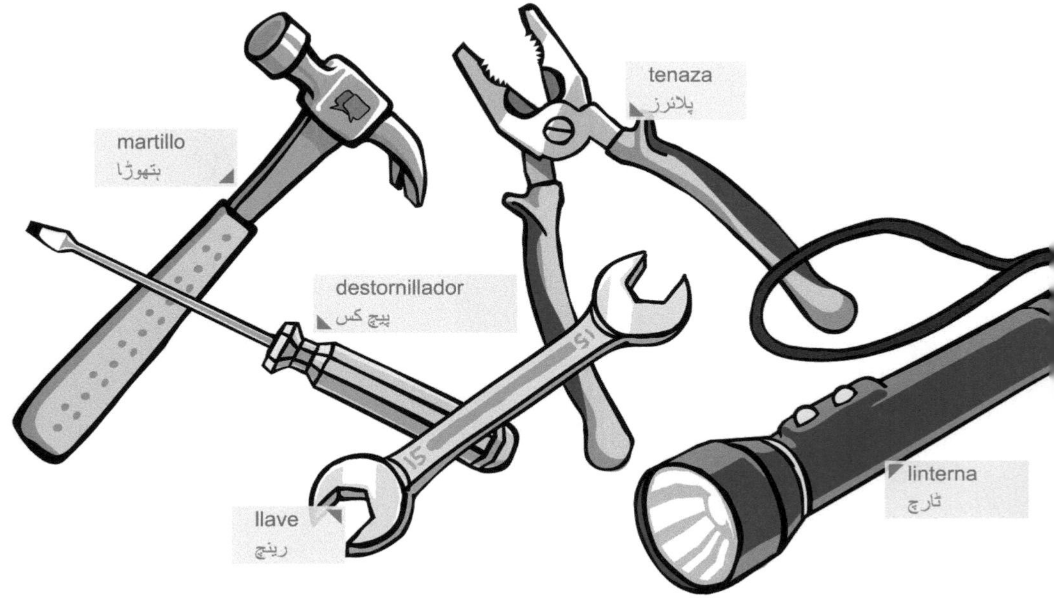

excavadora

ایکسکویٹر

caja de herramientas

ٹول باکس

escalera portátil

سیڑھی

sierra

آری

clavos

کیل

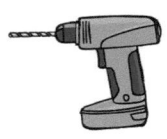

taladro

ڈرل

arreglar

مرمت کرنا

pala de jardín

بیلچہ

¡Qué bronca!

لعنت ہو!

pala de plástico

ڈسٹ پین

tacho de pintura

پینٹ پاٹ

tornillos

پیچ

instrumentos musicales

آلات موسیقی

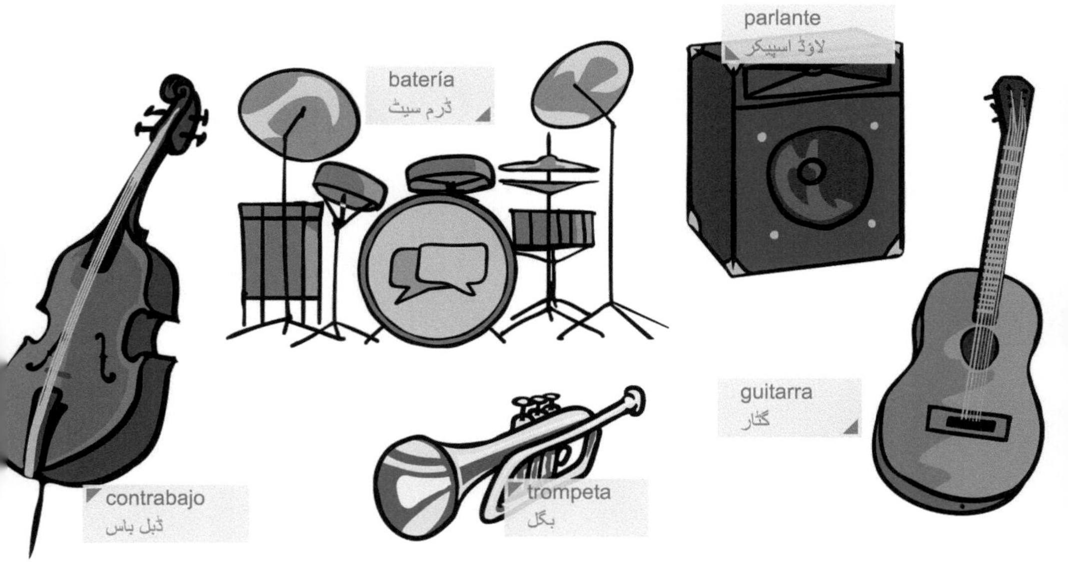

parlante
لاؤڈ اسپیکر
batería
ڈرم سیٹ
guitarra
گٹار
contrabajo
ڈبل باس
trompeta
بگل

piano

پیانو

violín

وائلن

bajo

موسیقی کی آواز

timbales

ٹمپانی

tambor

ڈھول، ڈرمز

teclado

کی بورڈ

saxofón

سیکسوفون

flauta

بانسری

micrófono

مائیکروفون

entrada

داخلے کا راستہ

tigre

چیتا

jaula

پنجرہ

cebra

زیبرا

alimento para animales

جانوروں کا چارہ

oso panda

پانڈا

animales

جانور

elefante

ہاتھی

canguro

کینگرو

rinoceronte

گینڈا

gorila

گوریلا

oso

ریچھ

camello

اونٹ

avestruz

شُتر مُرغ

león

شیر

mono

بندر

flamenco

فلیمنگو

loro

طوطا

oso polar

قطبی ریچھ

pingüino

کبوتر

tiburón

شارک

pavo real

مور

serpiente

سانپ

cocodrilo

مگرمچھ

cuidador del zoológico

چڑیا گھر کا محافظ

foca

سیل

jaguar

امریکی تیندوا

poni

ٹٹو

leopardo

چیتا

hipopótamo

دریائی گھوڑا

jirafa

زرافہ

águila

عقاب

jabalí

سؤر

pescado

مچھلی

tortuga

کچھوا

morsa

سمندری گھوڑا

zorro

لومڑی

gacela

غزال ہرن

deportes

کھیلیں

fútbol americano
امریکن فٹ بال
ciclismo
سائیکلنگ
tenis
ٹینس
básquet
باسکٹ بال
natación
پیراکی
boxeo
باکسنگ
hockey sobre hielo
آئس ہاکی

fútbol

فٹ بال

bádminton

بیڈمنٹن

atletismo

اتھلیٹکس

handball

ہینڈ بال

esquí

اسکیئنگ

polo

پولو

reír
ہنسنا

tar
چھلانگ ا

abrazar
گلے لگانا

caminar
چلنا

cantar
گانا

soñar
خواب دیکھنا

rezar
دُعا کرنا

besar
چومنا

escribir
لکھنا

dibujar
تصویرکشی کرنا

mostrar
دکھانا

presionar
آگے کی طرف دھکیلنا

dar
دینا

tomar
لینا

tener

ركھنا

hacer

کرنا

ser

ہونا

estar parado

کھڑا ہونا

correr

دوڑنا

tirar

کھینچنا

tirar

پھینکنا

caer

گرنا

estar acostado

جھوٹ بولنا

esperar

انتظار کرنا

llevar

اٹھانا

estar sentado

بیٹھنا

vestirse

ملبوس ہونا

dormir

سونا

despertar

جاگنا

mirar

دیکھنا

llorar

رونا

acariciar

چوٹ لگانا

peinar

کنگھی کرنا

hablar

بات کرنا

entender

سمجھنا

preguntar

پوچھنا

escuchar

مُتوجہ ہونا

beber

پینا

comer

کھانا

ordenar

صاف کرنا

amar

پیارکرنا

cocinar

پکانا

manejar

گاڑی چلانا

volar

اُڑنا

navegar

بحری سفر کرنا

calcular

شمار کریں

leer

پڑھنا

aprender

سیکھنا

trabajar

کام کرنا

casarse

شادی کرنا

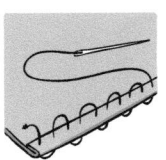

coser

سینا

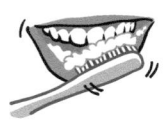

cepillarse los dientes

دانت صاف کرنا

matar

جان سے مار دینا

fumar

تمباکو نوشی کرنا

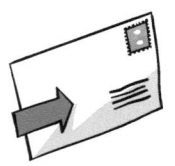

enviar

بھیجنا

abuela
دادی

abuelo
دادا

padre
باپ

madre
ماں

bebé
طفل

hija
بیٹی

hijo
بیٹا

invitado

مہمان

tía

چچی

tío

چچا

hermano

بھائی

hermana

بہن

cuerpo

جسم

frente
ojo
hombro
dedo
انگلی
cara
چہرہ
pera
ٹھوڑی
mano
ہاتھ
pecho
چھاتی
pierna
ٹانگ
brazo
بازو

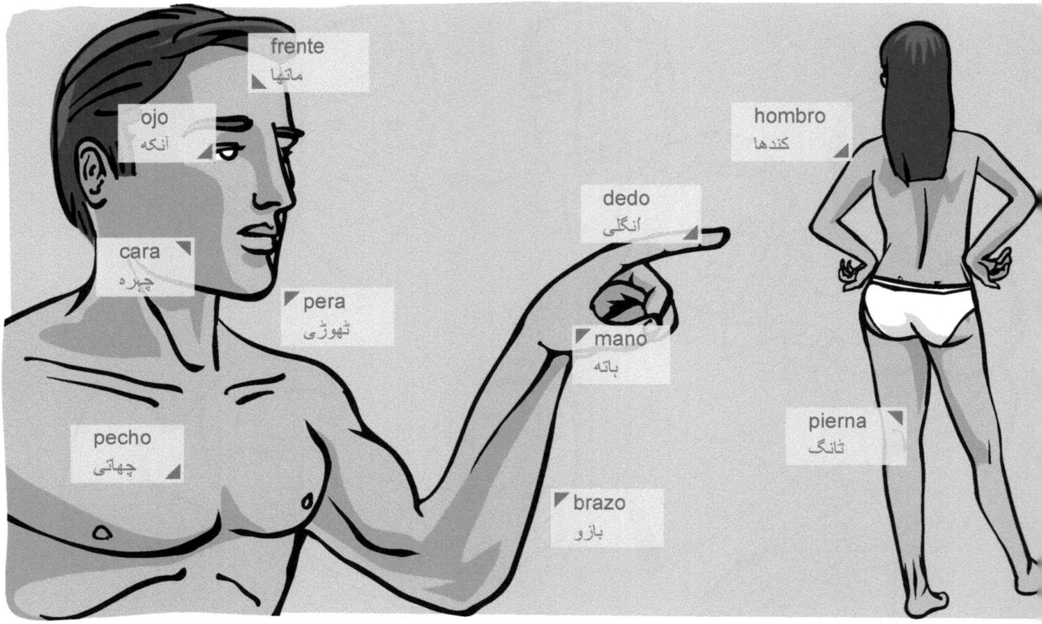

bebé

طفل

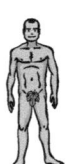

hombre

آدمی

mujer

عورت

nena

لڑکی

nene

لڑکا

cabeza

سر

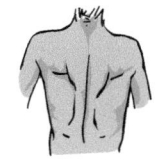

espalda

کمر

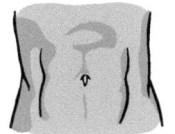

panza

پیٹ

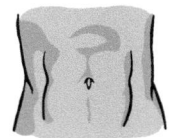

ombligo

ناف

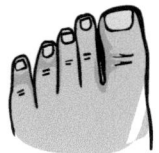

dedo del pie

پاؤں کا انگوٹھا

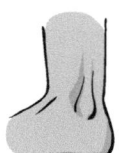

talón

ایڑھی

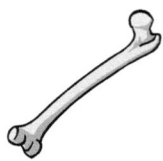

hueso

ہڈی

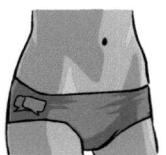

cadera

کولہا

rodilla

گھٹنا

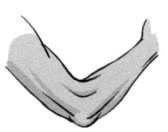

codo

کہنی

nariz

ناک

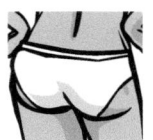

cola

نچلا حصہ

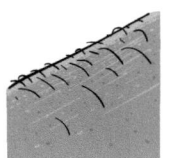

piel

جلد

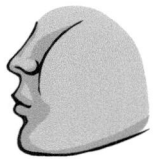

cachete

گال

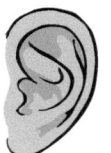

oreja

کار

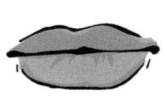

labio

ہونٹ

boca

مُنہ

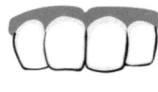

diente

دانت

lengua

زُبان

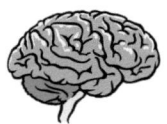

cerebro

دماغ

corazón

دل

músculo

پٹھہ

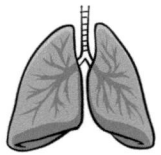

pulmón

پھیپھڑا

hígado

جگر

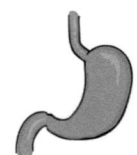

estómago

معدہ

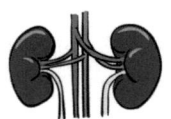

riñones

گردے

sexo

جنس

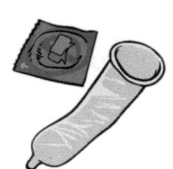

preservativo

کنڈوم

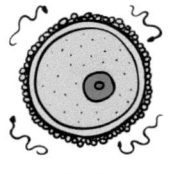

óvulo

بیضہ

semen

ماده منویہ

embarazo

حمل

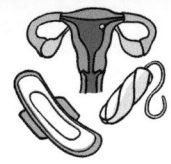

menstruación

حیض

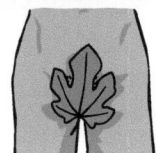

vagina

اندام نهانی

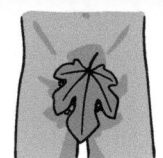

pene

عضوتناسل

ceja

بهنوین

pelo

بال

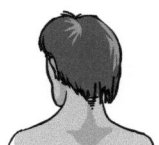

cuello

گردن

hospital

ہسپتال

ہسپتال
ambulancia
ایمبولینس
silla de ruedas
وہیل چیئر
fractura
ہڈی ٹوٹنا

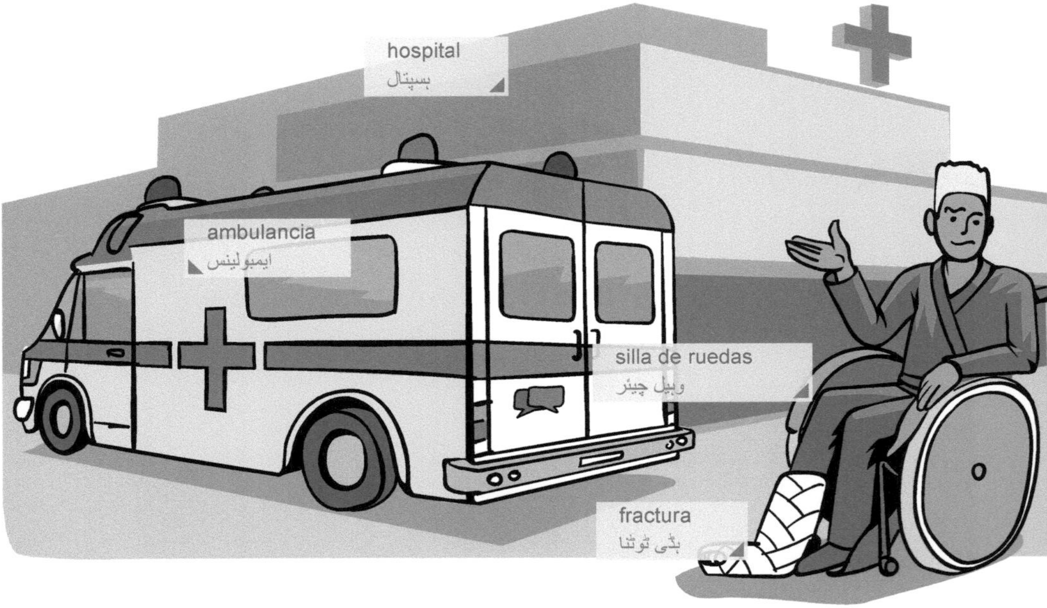

médico

ڈاکٹر

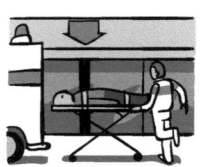

sala de guardia

ہنگامی کمرہ

enfermera

نرس

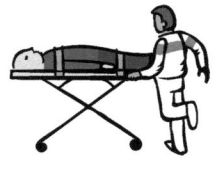

emergencia

ہنگامی صورتحال

inconsciente

بےہوش

dolor

درد

lesión

زخم

hemorragia

خون بہنا

infarto

دل کا دورہ

ACV

فالج

alergia

الرجی

tos

کھانسی

fiebre

بخار

gripe

زکام

diarrea

اسہال

dolor de cabeza

سردرد

cáncer

کینسر

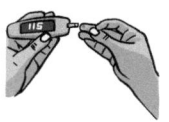

diabetes

ذیابیطس

cirujano

سرجن

bisturí

نشتر

operación

آپریشن

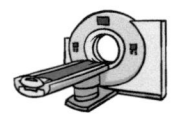

TC

سی ٹی

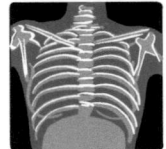

rayos x

ایکس رے

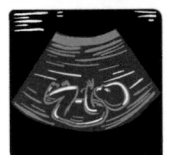

ecografía

الٹراساؤنڈ

barbijo

چہرے کا نقاب

enfermedad

بیماری

sala de espera

انتظارگاہ

muleta

بیساکھی

curita

پلاسٹر

venda

پٹی

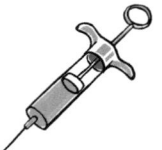

inyección

انجکشن

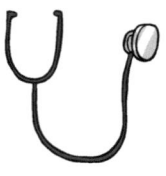

estetoscopio

اسٹیتھواسکوپ

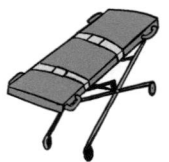

camilla

اسٹریچر

termómetro

مطبی تھرما میٹر

nacimiento

پیدائش

sobrepeso

حد سےزیادہ وزن

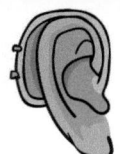

audífono

آلہ سماعت

desinfectante

جراثیم کش

infección

انفیکشن

virus

وائرس

VIH / SIDA

ایچ آئی وی/ ایڈز

remedio

دوا

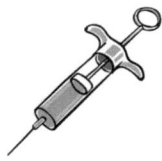

vacunación

ویکسی نیشن

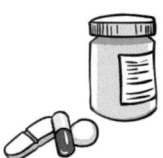

comprimidos

گولیاں

pastilla anticonceptiva

گولی

llamada de emergencia

ہنگامی کال

tensiómetro

بلڈ پریشرمانیٹر

enfermo / sano

بیمار/ صحتمند

emergencia

ہنگامی صورتحال

¡Ayuda!

مدد!

alarma

الارم

agresión

مُجرمانہ حملہ

ataque

حملہ

peligro

خطرہ

salida de emergencia

ہنگامی راستہ

¡Fuego!

آگ!

matafuego

آگ بُجھانے والا آلہ

accidente

حادثہ

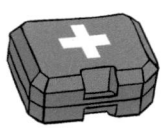

botiquín de primeros auxilios

ابتدائی طبی امداد کی کٹ

SOS

ایس او ایس

policía

پولیس

Europa

یورپ

América del Norte

شمالی امریکہ

América del Sur

جنوبی امریکہ

África

افریقہ

Asia

ایشیا

Australia

آسٹریلیا

Atlántico

بحراوقیانوس

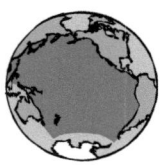

Pacífico

بحرالکاہل

Océano Índico

بحرہند

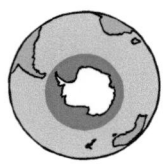

Océano Antártico

بحرقُطب جنوبی

Océano Ártico

بحرقُطب شمالی

polo norte

قُطب شمالی

polo sur

قُطب جنوبی

Antártida

انٹارکٹیکا

Tierra

زمین

tierra

زمین

mar

سمندر

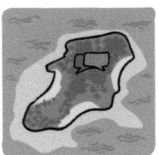

isla

جزیرہ

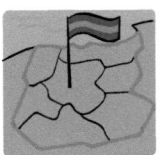

nación

قوم

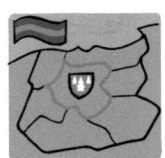

estado

ریاست

reloj
کلاک

esfera

کلاک کا سامنےکا حصہ

manecilla de las horas

گھنٹوں والی سوئی

minutero

منٹوں والی سوئی

segundero

سیکنڈ ہینڈ

¿Qué hora es?

کیا وقت ہوا ہے؟

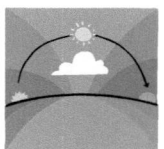

día

دن

hora

وقت

ahora

اب

reloj digital

ڈیجیٹل گھڑی

minuto

منٹ

hora

گھنٹہ

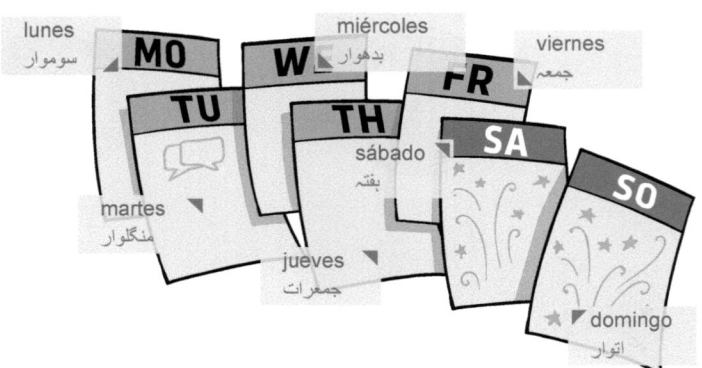

semana

ہفتہ

lunes
سوموار
MO
miércoles
بدھوار
W
viernes
جمعہ
FR
TU
TH
sábado
SA
martes
منگلوار
jueves
جمعرات
domingo
اتوار

1

ayer

گزرا کل

2

hoy

آج

3

mañana

کل

mañana

صبح

mediodía

دوپہر

tarde

شام

MO TU WE TH FR SA SU
1 2 3 4 5 6 7
8 9 10 11 12 13 14
15 16 17 18 19 20 21
22 23 24 25 26 27 28
29 30 31 1 2 3 4

días hábiles

کاروباری دن

MO TU WE TH FR SA SU
1 2 3 4 5 6 7
8 9 10 11 12 13 14
15 16 17 18 19 20 21
22 23 24 25 26 27 28
29 30 31 1 2 3 4

fin de semana

ہفتےکا اختتام

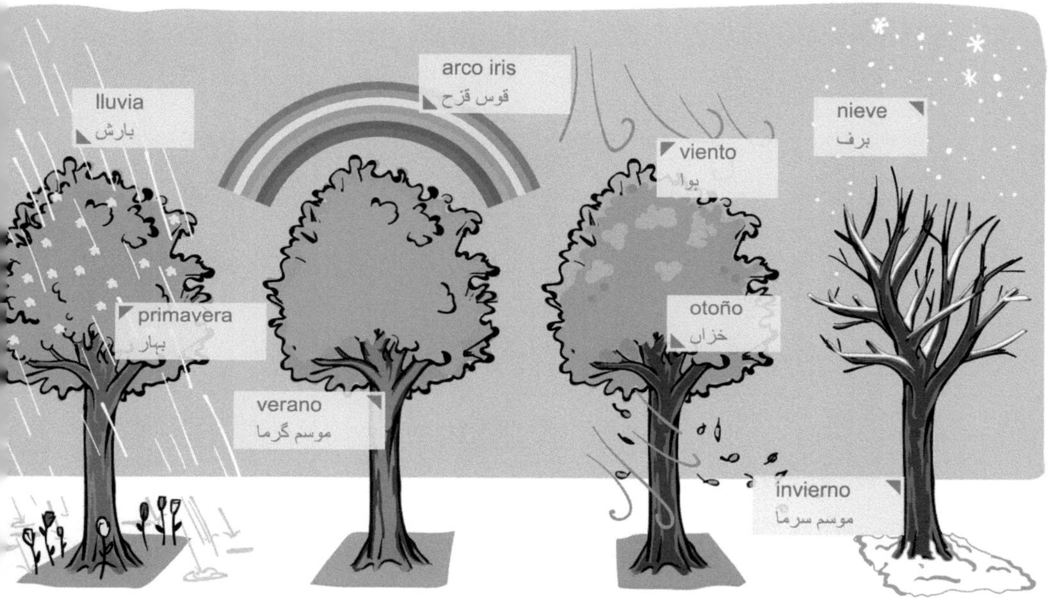

lluvia
بارش
arco iris
قوس قزح
nieve
برف
viento
primavera
بہار
verano
موسم گرما
otoño
خزاں
invierno
موسم سرما

ronóstico meteorológico

موسمی پیش گوئی

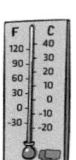

termómetro

تھرما میٹر

luz del sol

دھوپ

nube

بادل

niebla

دُھند

humedad

حبس

rayo

بجلی کوندھنا

trueno

بادلوں کی گرج

tormenta

طوفان

granizo

ژالہ باری

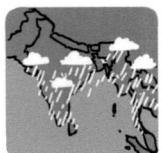

monzón

مون سون

inundación

سیلاب

hielo

برف

enero

جنوری

febrero

فروری

marzo

مارچ

abril

اپریل

mayo

مئی

junio

جون

julio

جولائی

agosto

اگست

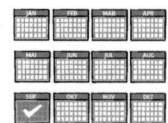

septiembre

ستمبر

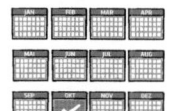

octubre

اكتوبر

noviembre

نومبر

diciembre

دسمبر

formas

اشكال

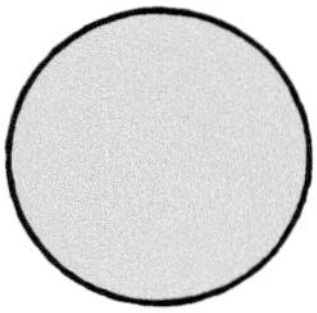

círculo

دائره

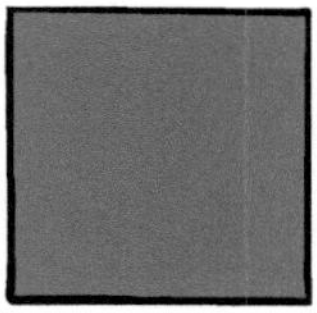

cuadrado

چوكور

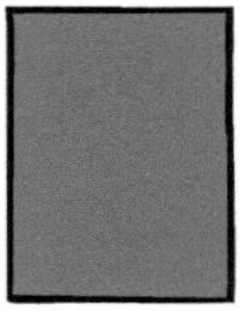

rectángulo

مُستطيل

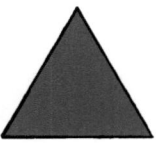

triángulo

تكون

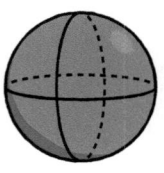

esfera

گره

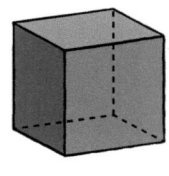

cubo

مكعب

colores

رنگ

blanco

سفید

amarillo

پیلا

naranja

نارنجی

rosa

گلابی

rojo

سُرخ

violeta

جامنی

azul

نیلا

verde

سبز

marrón

بهورا

gris

مٹیالا

negro

سیاہ

mucho / poco

بہت زیادہ / بہت کم

enojado / tranquilo

ناراض / پُرسکون

lindo / feo

خوبصورت / بدصورت

principio / fin

آغاز / اختتام

grande / chico

بڑا / چھوٹا

claro / oscuro

روشن / اندھیرا

hermano / hermana

بھائی / بہن

limpio / sucio

صاف / گندا

completo / incompleto

مکمل / نامکمل

día / noche

دن / رات

muerto / vivo

زندہ / مُردہ

ancho / angosto

چوڑا / تنگ

comestible / no comestible

کھانے کے قابل ہونا / کھانے کے قابل نہ ہونا

malo / amable

بُرا / اچھا

entusiasmado / aburrido

پُرجوش / بوریت کا شکار

gordo / flaco

موٹا / دُبلا

primero / último

پہلا / آخری

amigo / enemigo

دوست / دُشمن

lleno / vacío

بھرا ہوا / خالی

duro / blando

سخت / نرم

pesado / liviano

بوجھل / ہلکا

hambre / sed

بھوک / پیاس

enfermo / sano

بیمار / صحتمند

ilegal / legal

غیرقانونی / قانونی

inteligente / estúpido

عقلمند / بیوقوف

izquierda / derecha

بائیں / دائیں

cerca / lejos

نزدیک / دور

nuevo / usado

نیا / پُرانا

nada / algo

کچھ نہیں / کچھ ہے

viejo / joven

بوڑھا / نوجوان

encendido / apagado

آن / آف

abierto / cerrado

کُھلا / بند

silencioso / ruidoso

خاموش / بُلند آواز

rico / pobre

امیر / غریب

correcto / incorrecto

ٹھیک / غلط

áspero / suave

کھُردرا / ہموار

triste / contento

افسردہ / خوش

corto / largo

مُختصر / طویل

lento / rápido

آہستہ / تیز

mojado / seco

گیلا / خُشک

caliente / frío

گرم / ٹھنڈا

guerra / paz

جنگ / امن

números

اعداد

0	1	2
cero	uno	dos
صفر	ایک	دو
3	4	5
tres	cuatro	cinco
تین	چار	پانچ
6	7	8
seis	siete	ocho
چھ	سات	آٹھ
9	10	11
nueve	diez	once
نو	دس	گیارہ

12

doce

بارہ

13

trece

تیرہ

14

catorce

چودہ

15

quince

پندرہ

16

dieciséis

سولہ

17

diecisiete

سترہ

18

dieciocho

اٹھارہ

19

diecinueve

اُنیس

20

veinte

بیس

100

cien

سو

1.000

mil

ہزار

1.000.000

millón

دس لاکھ

idiomas

زبانیں

inglés

انگریزی

inglés americano

امریکی انگریزی

chino mandarín

چینی مینڈارین

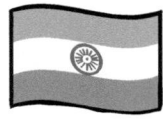

hindi

ہندی

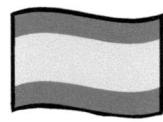

español

ہسپانوی

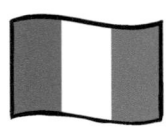

francés

فرانسیسی

árabe

عربی

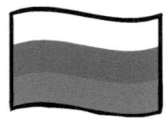

ruso

روسی

portugués

پُرتگالی

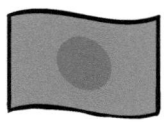

bengalí

بنگالی

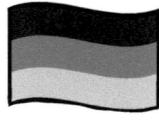

alemán

جرمن

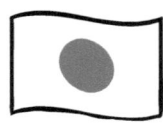

japonés

جاپانی

yo

میں

vos

تم

él / ella

وہ (لڑکا) / وہ (لڑکی) / یہ

nosotros

ہم

ustedes

تم

ellos

وہ

¿quién?

کون؟

¿qué?

کیا؟

¿cómo?

کیسے؟

¿dónde?

کہاں؟

¿cuándo?

کب؟

nombre

نام

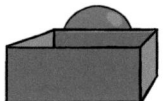

dónde

کہاں

detrás

پیچھے

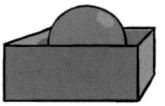

en

میں

adelante de

کے سامنے

por encima de

اوپر

sobre

پر

debajo de

نیچے

al lado de

ساتھ

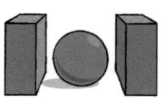

entre

درمیان

lugar

جگہ